1e partie

Scénario :
Fabien Dreuil et Xavier Hardy

Dessin :
Simon Leclerc

Couleur :
Anouk Pérusse-Bell

Glénat QUÉBEC

Catalogage avant publication de Bibliothèque et Archives nationales du Québec et Bibliothèque et Archives Canada

Dreuil, Fabien, 1973-
  Nevada
  Bandes dessinées.
  L'ouvrage complet comprendra 2 v.
  Texte en français seulement.
  ISBN 978-2-923621-35-7 (v. 1)
  I. Hardy, Xavier, 1973- . II. Leclerc, Simon, 1990- . III. Titre.

PN6734.N48D73 2012   741.5'971   C2012-942132-4

Je tiens à remercier de tout cœur Fabien, Xavier et Simon de m'avoir choisie sur ce magnifique album.
Beaucoup de talents et d'aventures ! Bonne lecture !

Anouk

À mes parents :
à ma mère qui, je l'espère, sera fière de cet album;
à mon père qui, je l'espère, l'aurait été.

Simon

À Dominique.
Merci à Stéphane Picotte pour la conception du tatouage de la murène
et à Jean-Paul Taillade pour la balade dans le Nevada.
Et toujours Flamine, sans qui...

Fabien

À Christel, ma muse, et aux plages du Mexique.

Xavier

© 2013, Les Éditions Glénat Québec inc.

Les Éditions Glénat Québec inc.
9001, boul. de l'Acadie, bureau 1002, Montréal, Québec, H4N 3H5
Dépôt légal :   2012 – Bibliothèque nationale du Québec
                2012 – Bibliothèque et archives du Canada

ISBN : 978-2-923621-35-7

Nous reconnaissons l'aide financière du gouvernement du Canada par l'entremise du Fonds du
livre du Canada pour nos activités d'édition.
Nous reconnaissons également l'aide financière du gouvernement du Québec par l'entremise de
la Société de Développement des Entreprises Culturelles (SODEC) pour nos activités d'édition.

Achevé d'imprimer en France en janvier 2013 par Pollina - L63241,
sur papier provenant de forêts gérées de manière durable.

NEVADA CITY, NEVADA, USA.

J'TE JURE, BARNEY !

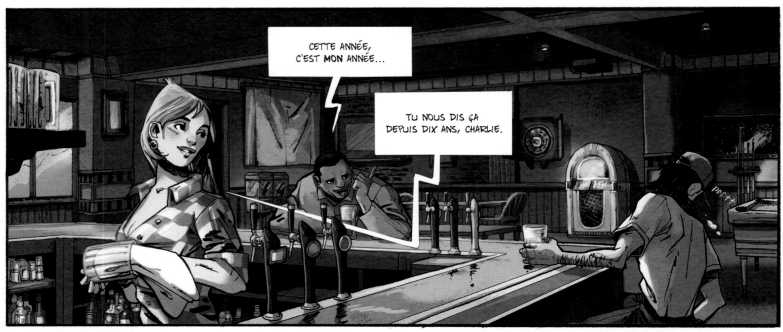

4

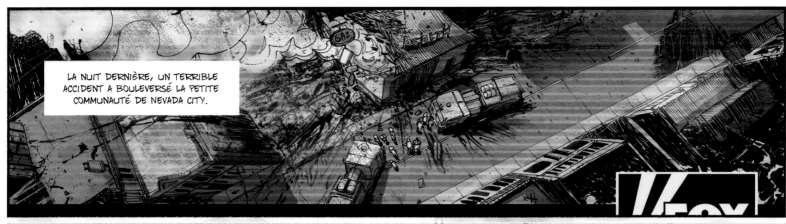

LA NUIT DERNIÈRE, UN TERRIBLE ACCIDENT A BOULEVERSÉ LA PETITE COMMUNAUTÉ DE NEVADA CITY.

UN MÉCANICIEN, EMPLOYÉ DU GARAGE MEREDITH, EST DÉCÉDÉ DANS L'EXPLOSION DE L'AUTOMOBILE SUR LAQUELLE IL TRAVAILLAIT.

DES MORCEAUX DU MALHEUREUX ONT ÉTÉ DISPERSÉS SUR PRÈS DE 150 MÈTRES. LA POLICE ENQUÊTE SUR LES CIRCONSTANCES DU DRAME.

MAIS, AU VU DES TÉMOIGNAGES RECUEILLIS, LA THÈSE DE L'ACCIDENT SERAIT D'ORES ET DÉJÀ PRIVILÉGIÉE.

MONSIEUR MEREDITH, LE PROPRIÉTAIRE DE L'ENTREPRISE, PRÉFÈRE S'ABSTENIR DE TOUT COMMENTAIRE.

MAIS MR O'TOOLE, TERRIBLEMENT AFFECTÉ PAR LE DÉCÈS DE SON MEILLEUR AMI A ACCEPTÉ DE NOUS PARLER.

VOUS ÉTIEZ AVEC LA VICTIME, JE CROIS, QUELQUES INSTANTS À PEINE AVANT QU'ELLE NE SE VOLATILISE ?...

OUAIP !... CHARLIE, L'ÉTAIT COMPLÈTEMENT BOURRÉ HIER SOIR, L'AURAIT JAMAIS DÛ ALLER BRICOLER SA CAISSE MAIS LE GARS...

... L'ÉTAIT TÊTU COMME UNE MULE! C'EST CON D'CLAQUER COMME ÇA, TROUVEZ PAS?

CERTAINEMENT, OUI..

CA SUFFIT ! VOUS N'AVEZ RIEN DE PLUS INTÉRESSANT À FILM...

TOMOÉ...

BRRRR

BRRRR

OUAIS !

ALLO !? MARVIN? NOM DE... C'EST FRANKY !

QUI ?

COMMENT ÇA QUI? FRANKY ! TU SAIS, TON AMI, TON AVOCAT, TU TE RAPPELLES ?

OUAIS, JE ME RAPPELLE... DÉSOLÉ, VIEUX, C'EST PAS LE MOMENT ALORS...

RACCROCHE PAS ! ÇA FAIT SIX MOIS QUE J'ESSAIE DE TE JOINDRE. ÉCOUTE-MOI, C'EST À PROPOS DE DANA...

DANA? J'EN AI PLUS RIEN À FOUTRE, TU PEUX TE LA TAPER SI TU VEUX.

ARRÊTE AVEC ÇA, MARVIN ! J'EN AI MARRE DE TES CONNERIES !

TA FEMME VA SE REMARIER ET PAS AVEC MOI ! ELLE VEUT ÉPOUSER UN TYPE HONNÊTE, SOBRE, PROPRE SUR LUI ET QUI N'OUBLIE PAS DE FAIRE MANGER TON FILS. C'EST UN ITALIEN, IL FAIT DES MACARONIS À TOMBER PAR TERRE.

T'AS BOUFFÉ AVEC EUX?

PFFF... TU ME FATIGUES. T'AS TOUJOURS PAS RÉGLÉ LES PAPIERS DU DIVORCE ET DANA VEUT EN FINIR AVEC TOUT CE BORDEL.

ET IL S'APPELLE COMMENT, LE MACARONI QUI BAISE MA FEMME?

...

IL S'APPELLE ORLANDO, ET IL A AUSSI UN GAMIN... VINNY, JE CROIS. IL S'ENTEND SUPER BIEN AVEC MELVIN. TU SAIS, TON FILS, À QUI TU N'AS PAS PARLÉ DEPUIS DES LUSTRES ! TU VAS ARRÊTER DE DÉCONNER, MARVIN?

MARVIN? ALLO, MARVIN?

CE QU'IL SE PASSE ENTRE MELVIN ET MOI NE TE REGARDE PAS.

JE VAIS VENIR À SAN DIEGO EXPLIQUER LA RECETTE DES LASAGNES À TON RITAL, MAIS AVANT ÇA, JE DOIS RÉGLER UNE VIEILLE AFFAIRE PERSONNELLE. JE SERAI LÀ DANS UNE GROSSE SEMAINE ET AU FAIT, FRANKY...

... TU N'ES PLUS MON AVOCAT.

ÇA FAIT DRÔLE DE TE REVOIR APRÈS TOUTES CES ANNÉES, TOMOÉ. IL AURA FALLU QU'UN PAUVRE TYPE PASSE L'ARME À GAUCHE ET QUE ÇA FASSE CINQ MINUTES AUX INFOS POUR QUE JE TE RETROUVE ENFIN...

C'EST PAS FAUTE D'AVOIR ESSAYÉ, TU SAIS, MAIS 'FAUT DIRE QU'AU NIVEAU DISCRÉTION, TU T'ES PLUTÔT BIEN DÉBROUILLÉE.

JE ME DEMANDE BIEN CE QUE TU FOUS AU NEVADA, DANS CE BLED PAUMÉ. LAS VEGAS, JE DIS PAS, MAIS NEVADA CITY, C'EST VRAIMENT N'IMPORTE QUOI...

APRÈS TOUT, C'EST TA VIE, TU EN FAIS CE QUE TU VEUX.

MOI, ÇA M'ARRANGE, C'EST SUR MA ROUTE, ALORS JE VAIS VENIR TE VOIR... ON VA Y ALLER EN DOUCEUR VU QUE TU NE SAIS MÊME PAS QUI JE SUIS...

JE VAIS VENIR CHEZ TOI ET JE VAIS FAIRE COMME D'HABITUDE...

WELCOME TO Nevada THE SILVER STATE

... TOUT EN FINESSE...

ÇA, C'EST LE GENRE DE TRUC AUQUEL ON NE S'ATTEND JAMAIS, ET ENCORE MOINS À 12 MILES DE L'ARRIVÉE.

PUTAIN DE M...!

BON, 'FAUT DIRE QU'ICI, MÊME AU MILIEU DE NULLE PART...

... TU TROUVES TOUJOURS TON SALUT.

QUEL QU'IL SOIT.

ET TU FINIS PAR ARRIVER AU LIEU...

...ET TROUVER LA PERSONNE QUE TU CHERCHAIS...

... POUR COMMENCER.

CETTE PERSONNE, C'EST SAM MEREDITH.

SAM MEREDITH! ARRÊTE TES CONNERIES, ÇA VA MAL FINIR CETTE HISTOIRE!

HEY, ESPÈCE DE BOUFFEUR DE TACO! VIENS ICI SI TU ES UN HOMME!

CHICO! NON...

QUELLE HISTOIRE? ILS ONT BUTÉ CHARLIE ET BOUSILLÉ MON GARAGE! ET TOI, TU PROTÈGES CES TRUANDS?!!

LA VÉRITÉ, SAM, ON LA CONNAÎT ALORS POUR LA DERNIÈRE FOIS, IL S'AGIT D'UN A-CCI-DENT, IL Y A EU UNE ENQUÊTE ET...

L'ENQUÊTE?! QUELLE ENQUÊTE?... Y'A JAMAIS EU D'ENQUÊTE! TOI ET LA CLIQUE À JENKINS, VOUS N'ÊTES QUE DES BÂTARDS!

TU VAS M'OBLIGER À FAIRE UN TRUC MOCHE, SAM...

TUT! TUT! TUT!

... MAIS C'EST PAS VRAI, C'EST QUOI CE BORDEL?!

RÉPÈTE ÇA JUSTE UNE FOIS, HOMBRE, DIS-LE MOI EN FACE.

CE BORDEL, C'EST MOI... MARVIN....

MARVIN GAYE.

DÉSOLÉ D'INTERROMPRE CE MOMENT PLEIN D'ÉMOTIONS...

... MAIS J'AI URGEMMENT BESOIN D'UN BON GARAGISTE...

ET SI POSSIBLE, EN UN SEUL MORCEAU...

J'AI TOUJOURS EU LE CHIC POUR ME RETROUVER AU BON ENDROIT, AU BON MOMENT.

IL FALLAIT UN DÉCLIC...

... ALORS AVEC SAM, ON A ENTAMÉ, COMME DEUX INCONNUS LE FONT SI SOUVENT, UNE DISCUSSION ENDIABLÉE SUR LES MERVEILLES À QUATRE ROUES. JE LUI AI CONFIÉ MON BÉBÉ, MA CADILLAC ELDORADO 1967.

ON A FINI PAR SE TUTOYER ET PAR METTRE EN RÉSERVE PLUSIEURS SUJETS BRÛLANTS DU TYPE VILEBREQUIN ET JOINTS DE CULASSE POUR DISCUTER BIEN GENTIMENT DE CHOSES ET D'AUTRES, AUTOUR D'UN BON VERRE...

... JUSQU'AU MOMENT OPPORTUN... CELUI OÙ TU GAGNES LA CONFIANCE DU TYPE...

... OÙ TU TE FAIS MÊME INVITER CHEZ LUI...

... CAR TU COMMENCES MÊME À LE TROUVER SYMPATHIQUE, CE SAM MEREDITH.

13

ALORS COMME ÇA, VOUS HABITEZ À MONTRÉAL ?

C'EST ÇA... MAIS TU PEUX ME TUTOYER, TU SAIS.

OK ! HEY, J'ADORERAIS ALLER AU CANADA ! ÇA DOIT ÊTRE TELLEMENT EXOTIQUE... PAS COMME ICI AVEC TOUS CES TROUS DU C...

YURI ! MODÈRE TON LANGAGE ET AIDE-MOI PLUTÔT À DÉBARRASSER LA TABLE... EXCUSEZ-LA MARVIN...

HA HA ! Y'A PAS DE PROBLÈME, JE VAIS VOUS AIDER À DÉBARRASSER JUSTEMENT... ET, TU SAIS YURI, VU COMMENT ON SE GÈLE, L'HIVER À MONTRÉAL, ET BIEN AU NIVEAU EXOTISME, TU REPASSERAS !

HIHIHIHI !

YURI ! QU'EST-CE QUE JE T'AI DIT ?

HEY, ÇA VA, ON EST PAS AUX PIÈCES ! POUR UNE FOIS QU'IL SE PASSE QUELQUE CHOSE ET QU'ON A UN INVITÉ, LAISSE-MOI EN PROFITER UN PEU !

MONTE DANS TA CHAMBRE, TU AS ÉCOLE DEMAIN.

LAISSE, MARVIN. VIENS PLUTÔT AVEC MOI, ON VA PRENDRE L'AIR... CIGARE ?

POURQUOI PAS. MAIS, HEY, SAM ! JE VEUX PAS PLUS DÉRANGER, TU SAIS...

TE TURLUPINE PAS AVEC ÇA ! ET PUIS YURI A RAISON, ÇA FAIT UN BAIL QU'ON N'A PAS REÇU D'INVITÉS.

TU AS UNE FAMILLE, MARVIN ?

J'AI UN FILS. IL A DIX ANS... IL S'APPELLE MELVIN...

TU SERAIS PRÊT À FAIRE QUOI POUR LUI ?

POURQUOI TU ME DEMANDES ÇA ?

HM... C'EST QUI « ILS » ?

PARCE QUE JE SUIS INQUIET POUR MA FAMILLE. ILS ONT FAIT EXPLOSER MON GARAGE, UN INNOCENT EST MORT ET ILS TENTENT DE MAQUILLER UN MEURTRE EN ACCIDENT. ILS NE RECULERONT PLUS À PRÉSENT...

LA CLIQUE À JOSEPH JENKINS, LE GRAND MANITOU DE NEVADA CITY. IL A FAIT FORTUNE DANS L'AUTOMOBILE ET L'IMMOBILIER, BIEN AVANT QU'ON S'INSTALLE ICI TOUS LES TROIS. AUJOURD'HUI, POUR FAIRE COURT, IL FAIT LA PLUIE ET LE BEAU TEMPS DANS LE COIN ET TOUT LE MONDE LUI MANGE DANS LA MAIN...

TOUT LE MONDE, SAUF TOI...

QUAND JE SUIS ARRIVÉ DE NEW YORK, AVEC MON ACCENT JUIF ET MA PETITE FAMILLE COULEUR JAUNE PASTEL, J'AI COMPRIS QUE CE SERAIT COMPLIQUÉ. MAIS QUAND J'AI COMMENCÉ À CONCURRENCER LA FAMILLE JENKINS, LÀ, C'EST DEVENU CARRÉMENT PROBLÉMATIQUE...

ET TU AS PEUR QU'ILS S'EN PRENNENT À TA FAMILLE, C'EST ÇA ?

ON PEUT DIRE ÇA COMME ÇA...

TU VEUX UN COUP DE MAIN ?

OUBLIE CE QUE J'AI DIT, TU VEUX. J'AI UN PEU TROP BU CE SOIR ET JE NE VEUX PAS TE MÊLER À MES PROBLÈMES.

SAM...

MARVIN A PEUT-ÊTRE RAISON, APRÈS TOUT...

MAIS...

JE VEILLERAI SUR LA PETITE, LE TEMPS QUE MA CAD SOIT RÉPARÉE, TU EN PENSES QUOI ?

J'EN PENSE QUE JE ME DEMANDE CE QUE TU FAIS DANS LA VIE, MARVIN GAYE.

IL M'A TRAITÉE DE... PETITE ?!!

PLOMBIER, ÇA T'IRA ?

HEM, SAM? JE RENTRERAI JAMAIS LÀ-DEDANS, TU N'AS PAS PLUS STANDARD, GENRE À MA TAILLE?

COMMENT ÇA PAS AVANT TROIS SEMAINES! ILS ONT MIS SEULEMENT UN JOUR À REMPLACER LES VITRES D'EN FACE, VOUS VOUS FOUTEZ DE MA GUEULE? ALLO? ALLO?

J'Y CROIS PAS. CES ENFOIRÉS D'EXPERTS NE VIENDRONT PAS AVANT TROIS SEMAINES! NON MAIS, MARVIN, TU TE RENDS COMPTE?...

OUAIS, JE ME RENDS COMPTE SAM.

ET BIEN VOILÀ! NICKEL! BON, 'FAUDRA PEUT-ÊTRE SURVEILLER DE PRÈS LA PRESSION DES PNEUS, EN EFFET.

À CE SOIR, MA CHÉRIE.

HEM... TU PRENDS ÇA COMMENT?

COMMENT QUOI?

BEN, QUE TES PARENTS TE REFILENT UN GARDE DU CORPS DANS UN POT DE YAOURT POUR T'EMMENER AU COLLÈGE, PLUTÔT LA HONTE, NON?

HMM, NON, EN FAIT, JE TROUVE ÇA PLUTÔT SEXY.

!

YA! YA! HUE!

CHUUUT, GROS COCHON. PAS SI FORT!

AU FAIT, MARVIN, MERCI D'AVOIR RIEN DIT À MES PARENTS POUR HIER, TU SAIS?

Y'A PAS DE QUOI, ET PUIS, TU FAIS CE QUE TU VEUX AVEC TON SCOOTER, JE NE SUIS PAS JALOUX.

HA HA HA!

REDIS-LE! ALLEZ, REDIS-LE!

OH BOB, T'ES MONTÉ COMME UN ÂNE!

PAS COMME TON SHÉRIF DE MARI, HEIN DOLLY? HEIN?

OH, ÇA NON!

OUAIIIS, JE LE SAVAIS!

EN ATTENDANT, JE LES TROUVE VRAIMENT COOL TES PARENTS, SAM EST UN BON PÈRE ET...

OH, C'EST PAS MON VRAI PÈRE TU SAIS ! MÊME SI C'EST COMME SI... MON VRAI PÈRE EST MORT.

OUPS, DÉSOLÉ.

SHÉRIIIIF, ARRÊTEZ, ON EST À L'ÉGLISE !

ET ALORS ?

OH SAINTE VIERGE, DOUX JÉSUUUUUS !

JE VAIS MOURIIIR.

C'EST PAS TON BOB QUI TE FAIT CET EFFET-LÀ, HEIN POLLY ?

OH ! COQUIN !

T'INQUIÈTE PAS AVEC ÇA, C'EST PAS COMME SI JE L'AVAIS VRAIMENT CONNU, TU VOIS ?

IL PARAÎT QUE C'ÉTAIT UN AVENTURIER, GENRE MARIN CHASSEUR DE TRÉSOR. MA MÈRE ÉTAIT TRÈS PAUVRE QUAND ILS SE SONT RENCONTRÉS. ELLE EST TOMBÉE FOLLE AMOUREUSE DE LUI, MAIS C'ÉTAIT UN ÉTRANGER ET LA FAMILLE DE MA MÈRE, MÉGA TRADITIONNELLE, S'EST OPPOSÉE À LEUR UNION, ALORS MA MÈRE A ÉTÉ RENIÉE. IL PARAÎT QUE ÇA SE PASSE COMME ÇA... LÀ D'OÙ J'VIENS.

T'ES CHINETOQUE ?

PFFF, HA HA ! T'ES DRÔLE ! TU SAIS, TOUT CE QUI EST BRIDÉ N'EST PAS CHINOIS !

HEY, TOURNE À DROITE... ON EST PRESQUE ARRIVÉS... JE SUIS JAPONAISE. OKINAWA, TU CONNAIS ?

HEU NON...

PAS VRAIMENT...

MOI NON PLUS, J'AI AUCUN SOUVENIR, RIEN. MON PÈRE BIOLOGIQUE ÉTANT MORT ALORS QUE J'ÉTAIS DANS LE VENTRE DE MA MÈRE. MÊME PAS UNE PHOTO. PEAU DE BALLE !

IL EST MORT DE QUOI, SI C'EST PAS INDISCRET ?

BEN, IL ÉTAIT MARIN ET LE BATEAU A COULÉ... PLOUF !

À CE SOIR ?

OUAIS, À CE SOIR.. YURI.

J'Y CROIS PAS, LA SALOPE ! ELLE A UN CHAUFFEUR MAINTENANT !

CHAUFFEUR, TU PARLES. T'AS VU LA TIRE ?

UN BLANC AU SERVICE D'UNE JAUNE, ON AURA TOUT VU !

JE PEUX PASSER TE CONSOLER CE SOIR, SI TU VEUX.

FOUS-MOI LA PAIX, BILLIE !

ET LAISSE-MOI ENTERRER MON AMI EN PAIX. TU VEUX BIEN ?

OKAAAY... PAS DE TROUBLE, JE VOULAIS JUSTE... GNNNNNNN

ET BIEN À PRÉSENT, CHANTONS !

GNNNNNN... LA SALOPE... IL ME FAUT MES CACHETS !

VIENS, CHICO !

CHANTONS À LA GLOIRE DU SEIGNEUR. CHANTONS POUR LE REPOS ÉTERNEL DE L'ÂME DE CHARLIE MC ENZIE.

NOUS RENTRONS AU RANCH, SANTORE.

BIEN, MONSIEUR.

ET CE PAUVRE MEREDITH, IL ME FAIT PITIÉ, TU SAIS. TOUJOURS À GEINDRE, QUOI QU'IL ARRIVE. SI AU MOINS IL AVAIT ACCEPTÉ MON OFFRE DE RACHAT, L'AN DERNIER, NOUS N'EN SERIONS JAMAIS ARRIVÉS LÀ, N'EST-CE PAS SANTORE ?

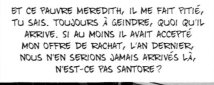

TOUT À FAIT D'ACCORD, MONSIEUR JENKINS.

LE RANCH JENKINS. SAM AVAIT RAISON, CE MEC-LÀ EST PLEIN AUX AS.

JENKIN'S RANCH

19

PAS VRAIMENT, MARVIN GAYE...

QU'EST-CE QUE TU ME VEUX !

JE SUIS VENU ICI POUR DISCUTER, MAIS VU LE TON ET LA MANIÈRE EMPLOYÉS, JE NE PASSERAI PAS PAR QUATRE CHEMINS.

SAM MEREDITH PENSE QUE LA MORT DE SON MÉCANO N'EST PAS UN ACCIDENT MAIS PLUTÔT UN AVERTISSEMENT DE VOTRE PART VU LA CONCURRENCE QUI RÈGNE ENTRE VOUS.

ENFIN, QUI RÉGNAIT...

LA CONCURRENCE DANS CE PAYS, ÇA N'A RIEN D'ILLÉGAL, FISTON, C'EST DE BONNE GUERRE ET J'AI TOUJOURS ÉTÉ CORRECT ENVERS MEREDITH ! JE LUI AI MÊME FAIT UNE BELLE OFFRE DE RACHAT.

TU T'ES TROMPÉ D'ADRESSE.

PEUT-ÊTRE PAS. SAM MEREDITH A REFUSÉ L'OFFRE ET ÇA NE VOUS A PAS PLU...

DIS DONC, EN QUOI EST-CE QUE ÇA TE REGARDE ! T'ES FLIC ? JOURNALISTE ?

NI L'UN NI L'AUTRE. SAM MEREDITH CRAINT POUR LA SÉCURITÉ DE SA FAMILLE ALORS JE VOULAIS SAVOIR SI CES CRAINTES ÉTAIENT AVÉRÉES OU NON... AUQUEL CAS VOUS AURIEZ À FAIRE À MOI.

TU OSES ME MENACER CHEZ MOI ?!

CE N'EST PAS UNE MENACE, C'EST UN AVERTISSEMENT.

ÉCOUTE-MOI BIEN, FISTON, SI J'AVAIS VOULU NUIRE AUX MEREDITH, ÇA FAIT BELLE LURETTE QUE LEUR SORT SERAIT RÉGLÉ.

JE NE VAIS PAS TE FAIRE UN DESSIN, MAIS J'AI PAS MAL D'AUTRES MOYENS POUR FAIRE PLIER MES CONCURRENTS ET PUIS IL ME SEMBLE QU'ON N'AIT PAS PRIS LE TEMPS NÉCESSAIRE DE T'EXPLIQUER QUI J'ÉTAIS, ICI, À NEVADA CITY.

ICI OU AILLEURS, JE PRÉFÈRE ME FAIRE MA PROPRE OPINION SUR LES GENS.

... SACRÉE POIGNE...

JE VOUS SOUHAITE BIEN LE BONJOUR, MONSIEUR JENKINS...

ET TOI, BLANCHE NEIGE, TU PEUX LÂCHER MON BRAS, JE SUIS SUR LE DÉPART.

PUTAIN ! MES CACHETS... IL ME FAUT MES CACHETS, MERDE !

JE VOULAIS VITE SAVOIR QUI ÉTAIT CE JOSEPH JENKINS, LE TITILLER UN PEU, MAIS MON FLAIR ME DISAIT QUE CE TYPE N'AVAIT RIEN À VOIR AVEC UN ASSASSIN OU BIEN ENCORE UN MALFRAT, NON, C'EST JUSTE UN HOMME DUR EN AFFAIRE, UN BOURREAU DE TRAVAIL À QUI TOUT SOURIT, SAUF PEUT-ÊTRE UN DÉTAIL ET PAS DES MOINDRES...

SON FARDEAU, SA PROGÉNITURE : BILLIE BOB BILLY JENKINS.

UN DÉTRAQUÉ ATTEINT DU SYNDROME DE LA TOURETTE.

J'EN SAIS RIEN, BILLIE...

SANTORE, JE COMPTE SUR TOI POUR DÉCOUVRIR QUI EST CE FOUTEUR DE MERDE ET CE QU'IL CHERCHE. JE N'AIME PAS SES MANIÈRES ET ENCORE MOINS LE FAIT QU'IL SE SOIT S'INVITÉ CHEZ MOI.

GNNNNN, QU... QU'EST-CE QU'IL FAIT LÀ LUI ? P... PUTAIIIIN !

BIEN MONSIEUR.

ALORS VOILÀ CE DONT SAM SE MÉFIE TANT : UN VIEUX REQUIN, UN ALBINOS, UN ACCRO AUX HALTÈRES ET UN NÉVROSÉ. PAS TRÈS RELUISANT COMME TABLEAU, MAIS SURTOUT, PAS DE QUOI FOUETTER UN CHAT, EN APPARENCE.

YURI...

VOUS AVEZ DIT YURI NO HANA, LA FLEUR DE LYS... J'IGNORAIS QUE VOUS AVIEZ DES CONNAISSANCES EN BOTANIQUE ET EN JAPONAIS !

OH, PAS VRAIMENT ! METTEZ ÇA SUR LE COMPTE DE LA CHANCE ! CE DOIT ÊTRE L'UNE DES RARES FLEURS QUE JE CONNAISSE, À VRAI DIRE.

CE JARDIN EST VRAIMENT MAGNIFIQUE, ÇA DOIT VOUS PRENDRE UN TEMPS FOU POUR L'ENTRETENIR.

OH, NON ! VOUS SAVEZ, DU TEMPS, J'EN AI BEAUCOUP. MÊME TROP PARFOIS.

JE VOIS...

HUM, ELLE M'A PARLÉ DE SON PÈRE... JE VEUX DIRE, DE SON **VRAI** PÈRE.

JE ME DEMANDAIS SI CE N'ÉTAIT PAS LIÉ À SA MAUVAISE PASSE JUSTEMENT, LE MANQUE...

YURI NO HANA.

MARVIN?! JE NE VOUS AI PAS ENTENDU ARRIVER.

DÉSOLÉ, JE NE VOULAIS PAS VOUS FAIRE PEUR.

... ET, HUM, ÇA S'EST BIEN PASSÉ CE MATIN, L'ENTERREMENT DE...

DE CHARLIE? PAS VRAIMENT, C'ÉTAIT TRISTE ET HUMILIANT. CE JENKINS ACHÈTE TOUT, L'ENTERREMENT DE NOTRE AMI QUI N'AVAIT PLUS LES MOYENS, CE RÉVÉREND VÉNAL, RACISTE, JAAP DE PIENAAR, QUI NOUS A FAIT SENTIR À QUEL POINT NOUS ÉTIONS INDÉSIRABLES, ENFIN...

... JE VOIS.

ET VOUS, AVEC YURI?

OH, AUCUN PROBLÈME, C'ÉTAIT MÊME TRÈS SYMPA. JE L'AI TROUVÉE ASSEZ ENJOUÉE !

AH, MA PETITE YURI... ENFIN UNE BONNE NOUVELLE, ELLE TRAVERSE DES MOMENTS DIFFICILES.

... TOMOÉ?

HEY, BIG BOSS !

C'EST BIEN LA PREMIÈRE FOIS QUE J'TE VOIS GRIMACER. ON A UNE PEINE DE CŒUR?

TA GUEULE BLOOM, SINON C'EST TOI QUI VAS GRIMACER QUAND CE SERA FINI.

ALLEZ, VAS-Y, SANDY !

T'ES SÛRE ?...

VAS-Y J'TE DIS !

HEY, YURI ! VOUS LES AIMEZ VIEUX DANS LA FAMILLE ?!

PARDON ?

BEN OUAIS, D'ABORD MEREDITH AVEC TA MÈRE ET MAINTENANT, TOI AVEC CE GORILLE...

COMBIEN IL TE PAYE CELUI-LÀ POUR SE TAPER UN PEU D'EXOTISME ?

... TU FERAIS MIEUX DE POSER LA QUESTION À TON SHÉRIF DE PÈRE, BETH...

... PARCE QUE JE LUI FAIS LE MÊME TARIF.

31

TU VAS OÙ ?

SUIS-MOI, ON VA FAIRE NOS DEVOIRS.

ON VA FAIRE CE QU'IL FAUT POUR QUE TU GARDES TON INDÉPENDANCE QUAND JE NE SERAI PLUS LÀ.

CECI, MA JOLIE, EST UN COP 357 MAGNUM DERRINGER. PETIT, LÉGER, DISCRET MAIS TRÈS EFFICACE ! LE MEILLEUR AMI DES DEMOISELLES QUI N'ONT PAS L'INTENTION DE SE LAISSER MARCHER SUR LES PIEDS. QU'EST-CE QUE TU DIS DE ÇA ?

J'EN DIS QUE C'EST UN FLINGUE ! ET QUE SI MES PARENTS TE VOYAIENT, ILS SERAIENT FURAX !

OUAIS BEN, ILS SONT PAS LÀ, ALORS AMÈNE-TOI !

ET J'EN DIS QUE JE VEUX JAMAIS QUE TU T'EN AILLES...

PAN !

PAOW !

T'AS ÇA DANS LE SANG, MA JOLIE !

CE DERRINGER N'A QUE QUATRE COUPS, ALORS PAS LE DROIT À L'ERREUR. ON VISE DE PRÈS CAR SA PORTÉE EST LIMITÉE, TOUJOURS LE TRONC, LA MASSE COMME ON DIT... NE CHERCHE JAMAIS LA TÊTE, LES BRAS OU LES GENOUX, TROP COMPLIQUÉ.

BRAS TENDU, MAIN D'APPUI SOUS LA CROSSE, JAMBES ÉCARTÉES, LES DEUX YEUX OUVERTS...

... COMPRIS ?

COMPRIS !

T'ES PAS CROYABLE ! TU LUI APPRENDS AUSSI CE GENRE DE TRUCS À TON FILS ?

NON... J'EN AI PAS VRAIMENT L'OCCASION. SA MÈRE PENSE QUE J'AI UNE MAUVAISE INFLUENCE SUR LUI ET LE JUGE EST DU MÊME AVIS.

JE SAVAIS PAS, DÉSOLÉE... TIENS, RÉCUPÈRE ÇA AVANT QUE JE NE BLESSE QUELQU'UN.

GARDE-LE, IL EST À TOI.

ON Y VA ?

LE SOLEIL SE COUCHE, 'FAUDRAIT PAS QUE TES PARENTS S'INQUIÈTENT...

CHEWING-GUM ?

OUAIS, SAM, T'INQUIÈTE PAS, ON EST SUR LE CHEMIN DU RETOUR. JE POUVAIS PAS T'APPELER AVANT...

... PROBLÈME DE RÉSEAU.

AH... OK... SUPER, ON VOUS ATTEND !

« SUPER, ON VOUS ATTEND... » C'EST CETTE FAÇON DE DIRE LES CHOSES, CETTE GENTILLESSE QUI NE M'EST PAS COUTUMIÈRE, QUI M'A PRIS AU DÉPOURVU.

DU COUP, ON A DÉCIDÉ DE NE PAS ABORDER LES CHOSES QUI FÂCHENT, LES EMMERDES EN TOUT GENRE, ALORS CE SOIR..

... ET QUE JE NE SUIS PAS LE SEUL...

ET MÊME SI JE ME PIQUE AU JEU...

... C'EST REPOS, AU MILIEU DE CETTE FAMILLE QUI M'A ACCUEILLI COMME UN DES LEURS, SANS SE DOUTER UN SEUL INSTANT DE CE QUE JE SUIS ET DU POURQUOI JE SUIS RENTRÉ DANS LEUR VIE.

... ALORS POURQUOI PAS.

... MAIS COMBIEN DE TEMPS CE MANÈGE VA-T-IL DURER ?

J'EN SAIS FOUTREMENT RIEN...

... MAIS DÈS DEMAIN, IL VA FALLOIR ACCÉLÉRER LE TEMPO, ET DÉBLAYER LE TERRAIN UNE BONNE FOIS POUR TOUTE.

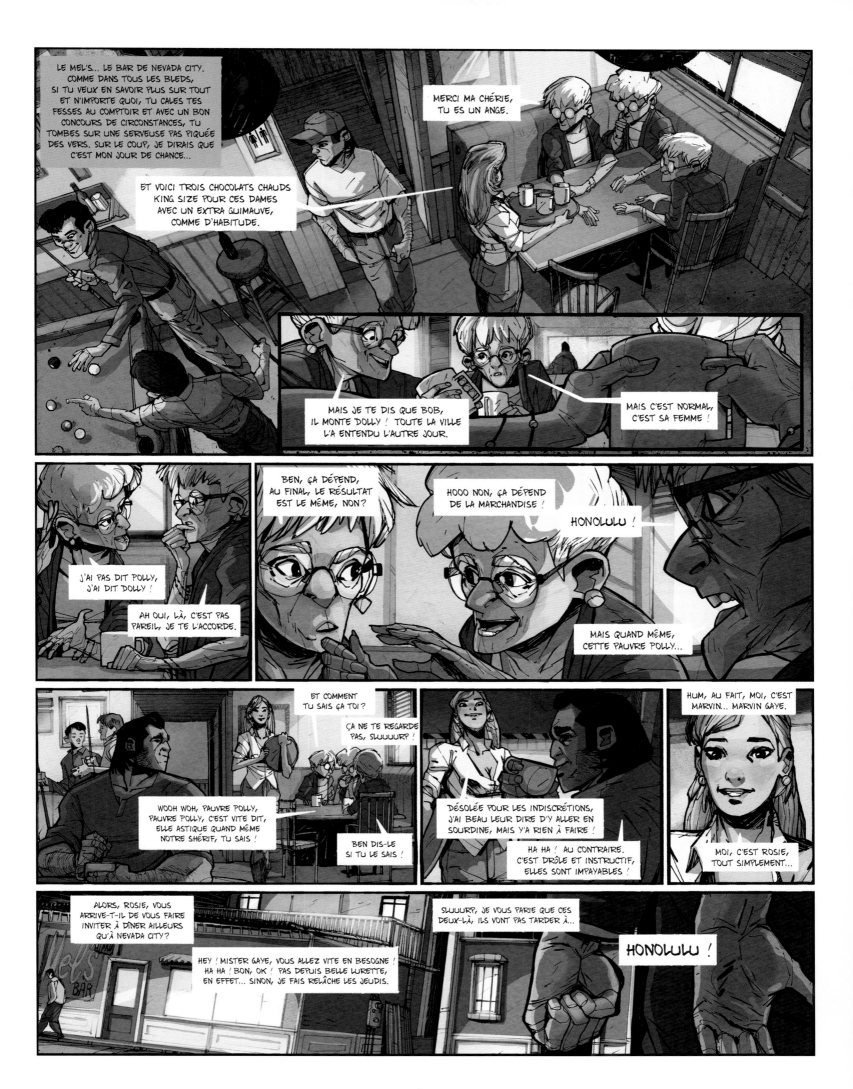

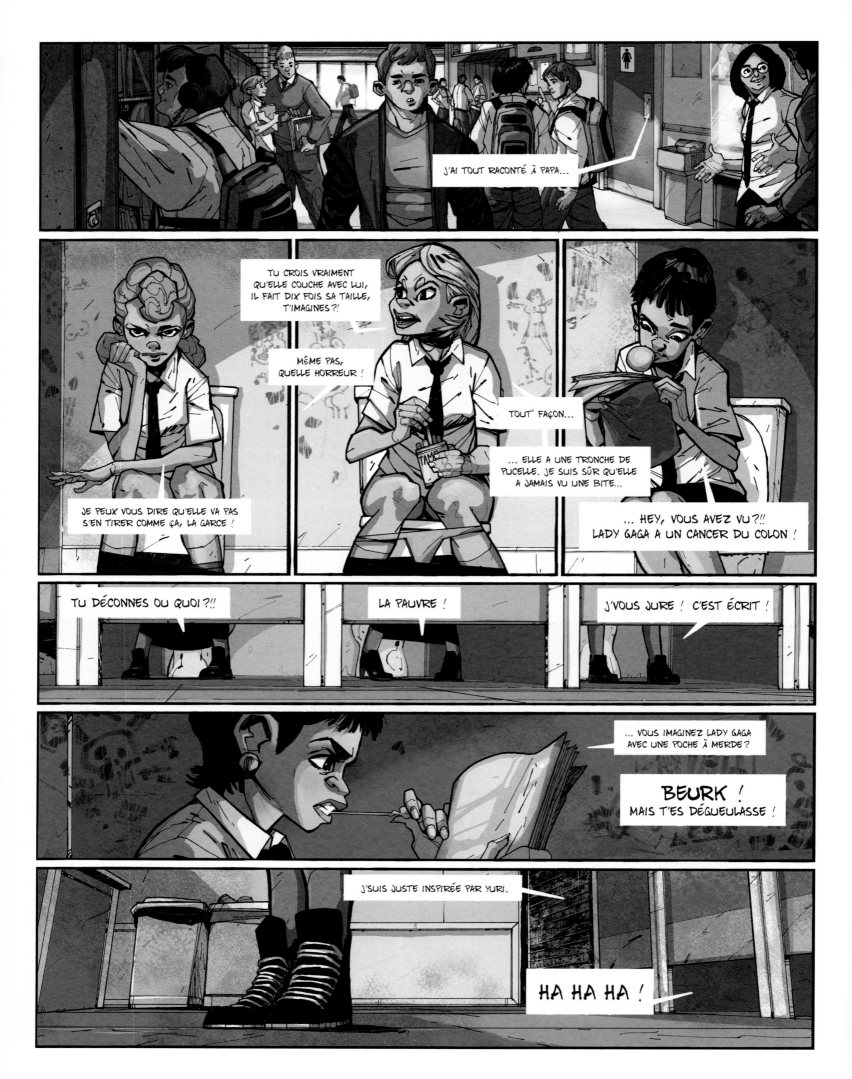

BEN ALORS SUR QUI ON VA SE DÉFOULER S'ILS FOUTENT LE CAMP?

DE TOUTE FAÇON, 'VA FALLOIR SE TROUVER UNE AUTRE SOUFFRE DOULEUR, PAPA DIT QUE LE VIEUX MEREDITH, IL VA PLUS TENIR LONGTEMPS.

T'INQUIÈTE PAS, C'EST PAS LES POUFFIASSES QUI MANQUENT DANS LE SECTEUR !

ALORS ON DIT JEUDI ?

ON DIT JEUDI.

OUPS, JE CROIS QUE C'EST L'HEURE D'ALLER JOUER UN PEU LES TOURISTES DANS VOTRE SI JOLIE PETITE VILLE, ALORS...

À BIENTÔT ROSIE...

IL A DIT QUOI L'ORANG-OUTANG ?!!!

IL A DIT QUE LE BRUNCH ÉTAIT DÉLICIEUX. QU'EST-CE QUE JE TE SERS ?

COMME D'HAB.

C'EST-À-DIRE ?

GNNNNNNNNNNNNNNNN... S... SAL... SERS-MOI UN MARTINIIII !!!!

« ROSIE, WHY DO YOU EVADE ? ROSIE, HOW CAN I PERSUADE ? ROSALIIIE ! »

BZZZ BZZZZ

ALLO MARVIN ? C'EST SAM ! DIS-MOI, JE SERAI EN VADROUILLE TOUTE LA JOURNÉE ET... MARVIN ?

MARVIN ?

VOUS PERMETTEZ ?

DIS DONC, EN VOILÀ DES MANIÈRES.

LE « BLANCHE NEIGE » D'HIER, CE N'ÉTAIT PAS POLI NON PLUS.

OK, MES EXCUSES, ALORS C'EST QUOI TON JOLI NOM? ET S'IL-TE-PLAÎT, MON CELLULAIRE.

SANTORE LE SOMBRE.

JE VOUS PROPOSE UN DEAL. UNE QUESTION, UNE RÉPONSE, CHACUN SON TOUR ET PUIS APRÈS, IL VA FALLOIR QUE VOUS ALLIEZ VOIR SI L'HERBE EST PLUS VERTE AILLEURS, SI JE PUIS M'EXPRIMER AINSI.

HUM... MAUVAISE APPROCHE, SANTORE. PERSONNE NE ME DIT OÙ ALLER POUR PISSER, SI JE PUIS M'EXPRIMER AINSI.

QUESTION RÉPONSE?

JE T'ÉCOUTE.

QU'EST-CE QUE VOUS ÊTES VENU FAIRE ICI?

PERSONNEL... MAIS POUR RÉPONDRE À TA QUESTION DE MANIÈRE DISONS PLUS CONSTRUCTIVE, ÇA N'A RIEN À VOIR, À LA BASE, AVEC JENKINS.

À MON TOUR... EST-CE QUE CE SERAIT PAS SON DÉBILE DE REJETON ET SON PITBULL LATINO QUI AURAIENT FAIT EXPLOSER LE GARAGE? MANIÈRE DE SE FAIRE VALOIR?

POSER LA QUESTION, COLONEL MARVIN GAYE, C'EST PARFOIS Y RÉPONDRE.

JE VOUS SUGGÈRE DE VOUS ADRESSER DIRECTEMENT AUX PERSONNES CONCERNÉES.

LE BONJOUR À DANA ET MELVIN DE MA PART...

OK, SANTORE LE SOMBRE, BIEN JOUÉ, J'APPLAUDIS...

... MAIS EN PARLANT DE MA FAMILLE, TU VIENS DE POSER LE PIED SUR UNE MINE.

QU'EST-CE QUE C'EST QUE ÇA ?

?!!

ÇA, ÇA VEUT DIRE QU'ON N'A PAS FAIT NOS BESOINS TOUTES SEULES, LES FILLES..

ÇA VEUT SURTOUT DIRE QUE NOS TÊTES SONT MISES À PRIX, C'EST MON PATER QUI M'A DIT ÇA.

MAIS QUI NOUS EN VOUDRAIT ? ON A RIEN FAIT ! C'EST UNE BLAGUE !

BEN ALORS ! JE LA TROUVE PAS TRÈS DRÔLE CELLE-LÀ.

AU CONTRAIRE, JE TROUVE ÇA TRÈS TRÈS AMUSANT.

OK, YURI, TU VEUX JOUER À CE JEU LÀ...

DRIIIIIIIIIINNG

ET VOILÀ, UN GRAND MERCI MARVIN, À PRÉSENT, CES TROIS POUFFIASSES NE M'EMBÊTERONT PLUS JAMAIS !

J'AI FAIT COMME TU L'AS DIT, J'AI TIRÉ DANS LA MASSE !

PAR CONTRE, JE VAIS AVOIR BESOIN DE BALLES SUPPLÉMENTAIRES...

T... TU DÉCONNES J'ESPÈRE !

MAIS OUI ! JE T'AI FAIT MARCHER, HA HA !

PFFF, COURIR OUI !

BON, J'AI QUAND MÊME LAISSÉ TROIS BALLES À L'ATTENTION DES DEMOISELLES, COMME ILS FONT...

TU SAIS...

DANS LES FILMS...

YURI ! ATTENDS-MOI !

TU ES SÛRE ? ON N'A JAMAIS FAIT ÇA ! C'EST PEUT-ÊTRE LE MOMENT DE CHANGER D'IDÉE...

HEY, TOMOÉ, ON ÉTAIENT D'ACCORD ! TU VAS PAS TE DÉBINER MAINTENANT, NON ?

OK, D'ACCORD. T'AS GAGNÉ...

CHICO, SI TU VEUX T'AMUSER UN PEU...

ET BIEN C'EST LE MOMENT OU JAMAIS, LE RAT EST SORTI DE SON TROU. Y'A DE LA BARBAQUE POUR TOI, CHICO, À L'ATTAQUE !

HEY ! BARNEY ! C'EST TOI LE DJ CE SOIR?

PFFT ! MOUAIS, ÇA M'ARRIVE.

TU PERMETS ?

AC/DC
WHOLE LOTTA ROSIE

HEY, GRINGO ! ELLE ÉTAIT PAS FINIE MA CHANSON.

HEIN? HO, PARDON ! MAIS, TU SAIS, LES AIRS D'OPÉRETTE, EN GÉNÉRAL, ÇA ME FAIT VRAIMENT MAL ENTRE LES DEUX OREILLES.

MUY BIEN GRINGO ! MOI, JE CONNAIS AUTRE CHOSE QUI FAIT MAL ENTRE LES DEUX OREILLES.

WANNA TELL YOU A STORY 'BOUT A WOMAN I KNOW

WHEN IT COMES TO LOVIN' OH, SHE STEALS THE SHOW

SHE AIN'T EXACTLY PRETTY SHE AIN'T EXACLTY SMALL

42-39-56 YOU COULD SAY SHE'S GOT IT ALLLLL !

HONEY, YOU CAN DO, DO IT TO ME ALL NIGHT LONG

ONLY ONE CAN TURN, ONLY ONE CAN TURN ME ON ALL THROUGH THE NIGHT-TIME

RIGHT AROUND THE CLOCK

TO MY SURPRISE, ROSIE NEVER STOPS

ÇA VOUS PLAÎT COMME MUSIQUE ?

CHICO...

C'EST SPÉCIALEMENT POUR VOUS !...

44

ET MERDE...

TU L'AS DIT, GRINGO.

CHICO?

CHICO LOPE, S'IL-TE-PLAÎT, MÊME SI ON EST DEVENUS PLUS FAMILIERS DEPUIS PEU, C'EST CHICO LOPE, POR FAVOR.

COMPTE PAS SUR ÇA, CHICO, TOI ET MOI, ON N'EST PAS PAREILS.

OH QUE SI, GRINGO, PARCE QU'À PRÉSENT, TU ES COMME MOI, TU ES REDEVABLE.

ET ENVERS QUI OU QUOI S'IL-TE-PLAÎT?

ENVERS CEUX QUI NE VONT PAS TARDER À SE POINTER...

À ME LIBÉRER...

... ET À TE FOUTRE LA DÉROUILLÉE DE TA VIE...

... PAUVRE MEC!

PAUVRE MEC...

PARLE POUR TOI...

TU ES AUTANT EN TAULE QUE MOI...

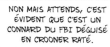

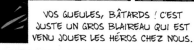

NON MAIS ATTENDS, C'EST ÉVIDENT QUE C'EST UN CONNARD DU FBI DÉGUISÉ EN CROONER RATÉ.

MEUH NON, PATERSON ! CROONER... NON... JE DIRAIS C.I.A., VENDEUR EN ASSURANCES, AVEC LA CHEMISE COLORÉE, TOUT ÇA... TU SAIS, COMME DANS LES SÉRIES TÉLÉ ?

VOS GUEULES, BÂTARDS ! C'EST JUSTE UN GROS BLAIREAU QUI EST VENU JOUER LES HÉROS CHEZ NOUS.

ALORS ON VA ALLER LUI EXPLIQUER QUE LES HÉROS, ICI, C'EST NOUS.

SUIVEZ-MOI POUR LA DÉMONSTRATION, ET SURTOUT, NE MÉNAGEZ PAS VOS EFFORTS.

ON A BIEN DORMI ?

CONFORTABLE, HEIN ?

GNNNNNNN... SALUT FILS DE... GNNNN, C'EST L'HEURE DE L'APÉRO !

PUTAIN MES CACHETS, MERDE !

GNNNNN... TU VAS DÉGUSTER COMME JAMAIS ÇA T'ÉTAIT ARRIVÉ DANS TA PUTAIN DE VIE !

TU COMPRENDS ÇAAAAA ?

ET MERDE...

47

Fin 1ᵉ partie